마음의 집

마음의 집

1판 1쇄 펴낸날 2024년 4월 20일
1판 2쇄 펴낸날 2024년 5월 9일

지은이 김초혜

펴낸곳 시와시학
펴낸이 송영호
대표 김초혜

주소 서울특별시 동대문구 망우로21길 45 2층 202호
전화 02-744-0110(대표)
　　　010-8683-7799(핸드폰)
전자우편 sihaksa@naver.com(회사)
　　　　 sihaksa1991@naver.com(편집부)

출판등록 2016년 1월 18일
등록번호 제2021-000008호

ISBN 979-11-91848-22-9 (03810)
값 12,000원

* 저자와의 협의에 의해 인지를 생략합니다.
* 잘못된 책은 바꾸어 드립니다.

김초혜 시집
마음의 집

시학
Poetics

■ 시인의 말

늘 생각한다.
생각이 창조라고 여기기 때문이다.
생각 속에 있는 무한능력이
시가 아닐까.
하루라도 책을 읽지 않거나
시를 생각하지 않으면
부쩍 늙는 것 같다.
그래서 읽고 쓴다.
올해로 시업 60주년이다.

2024년 봄

김초혜

차례

005 시인의 말

제1부

015 영겁
016 사람
017 좋다
018 고향 생각
019 시간
020 입
021 수행
022 만족
023 내생
024 손가락질
025 제자
026 깨달음
027 이름
028 흠
029 잔소리
030 화엄경
031 없다

제2부

035 월정사
036 나눔
037 빛이 있다
038 고향달
039 어머니
040 목련이 필 때
041 삶 속에서
042 고개 고개 넘어
043 밥통
044 협치
045 세상인심
046 고향
047 중상모략
048 가끔씩 가끔씩
049 좋은 날
050 사랑
051 어둠
052 친구에게

제3부

055 시금칫국
056 환생
057 저무는 날에
058 일생
059 꽃송이
060 허둥지둥
061 그리움
062 나의 시에게
063 달밤
064 위대한 상속
065 아들에게
066 모른다
067 소신
068 부모와 자식
069 어린 봄날
070 달콤한 꼼수
071 눈 오는 날에
072 근면

제4부

075   누구인가요
076   사람아
077   참회
078   세상살이
079   노동 탄압
080   용서
081   고전
082   책
083   달밤에
084   홀로 서다
085   고단한 기쁨
086   모정
087   돈과 여자
088   인생길
089   그래, 그래
090   해 질 녘에
091   철새
092   단풍

제5부

- 095　시인
- 096　고요 소리
- 097　그런 사람
- 098　가족
- 099　그대에게
- 100　인심
- 101　봄은 온다
- 102　부자지간
- 103　검은 우울
- 104　부모 자식
- 105　요즘 우화
- 106　다시 봄에
- 107　꿈꾸라, 그대
- 108　논리
- 109　나이 많다고
- 110　빈 하늘에
- 111　상속

제6부

115 다시 봄에
116 만남
117 탐욕
118 마음의 불
119 인생
120 벗에게
121 꽃 지고 나서
122 고별
123 마음
124 그게 너다
125 낯선 길
126 봄은 짧고
127 절망
128 고통에 대하여
129 AI의 꿈
130 생각의 차이
131 나의 집

133 해설 | 이성천

제1부

영겁

관세음보살

삼천배도

한 덩이

뜨거운 눈물이다

사람

큰 산이 있는 곳에서는
낮은 산이 보이지 않지만
동산만 있으면
낮은 산도 보인다
큰 산
낮은 산
동산
그 산들은 모두
내가 사랑하는 산이다

좋다

슬픔도 좋다
괴로움도 좋다
아픔도 좋다
고통도 좋다

모두 좋다

영이별만 아니라면

고향 생각

저녁에 먹은

김칫국에서

천 갈래의 기억이

수저를 놓게 했다

시간

백만겁 백천만겁이 지나도
잊혀지지 않을 것 같던
아픈 일도
시간에 모두 실려 가더라

입

입이 열 개인
사람을 만나거든
그대는
한 개인 입도
닫아버려라

한 개도 많다

수행

배부를 때까지 먹지 마라
더 먹고 싶을 때
수저를 놓아라
어린 시절부터 들어온
어머니 말씀
그 안에 수행이
담겨 있는 줄을

만족

아직도 부족해
먹을 것이 있고
잠잘 곳이 있고
그리고
아무도 모르게
그대를 향해
꽃씨가 벙글고 있는데
아직도
무엇이 부족해

내생

남은

사람들의

가슴에

있다

손가락질

영욕은 부질없고
속절없다 하지만
뒤에서 하는
손가락질이
그 사람을
쓰러뜨린다
천 명 만 명
그 숫자가 늘어나면
병이 없어도
앓아눕는다

제자

가난하고
착하고
부지런하고

그래서

나는 네가 좋다

깨달음

희로애락과
오욕칠정에서
벗어나는 것이
깨달음이라면
깨달음은
너무 잔인한
우러름이다

이름

이 세상에서
가장 아름다운 이름은
봄입니다
봄과 같은 이름이
또 있지요

그건 비밀입니다

흠

작은 흠도 흠이다

다 된 음식에
파리 한 마리 들어가도
버려야 하고

맛있는 국에
머리카락 한 올만 들어가도
국을 버려야 한다

잔소리

귀먹은 사람도
세 번 이상 말하면
질려서
도망가는데
하물며
귀 밝은 사람이랴

화엄경

내 눈을 멀게 해
앞을 볼 수 없게
만드신 이여
마음만 열면
눈먼 것은
일도 아니란 듯이
귀먹은 채로
벙어리가 된 채로
그대를 친견하라 하십니까

없다

평소 섬기던
큰스님께

내세가 있습니까

긴 침묵 끝에

없다

제2부

월정사

푸르고 푸른 곳
거기 정념 스님 계시어
―고요가 고이게 해야
비로소 고요라는 가르침―

합장으로
받습니다

나눔

네게 열 개 있어야
한 개 주지 말고
두 개 있거든
하나 주어라
꼭 필요한 사람에게는
한 개밖에 없어도
기꺼이
그것을 주어라

빛이 있다

한 치 앞을
볼 수 없는 어둠

어둠 속에는
어둠이 없다

고향달

언제
어디서 보아도
이 세상에서
제일로 밝은 달은
어린 시절
고향달이오

어머니

맹인도
자식은 알아보고
농아의 말도
어미는 알아듣는다

코끼리도 잃어버렸던
새끼를
12년이 지난 후에도
냄새로 알아낸다

목련이 필 때

지난해 봄에 핀
목련이
올해도 앞뜰에
하얗게 피었습니다
아주 간 줄 알았던
그대가
해마다 이렇게
오시는군요

삶 속에서

달이 산에 걸리고
첫눈이 내리고
산수유가 피어나면
미열이 난다
헤어져 살아도
같이 바라보자던
그때가 생각난다

고개 고개 넘어

열 살의 내가 꿈을 꾸듯 오는구나
스무 살의 내가 새봄에 취해서 오는구나
서른 살의 내가 피곤에 지쳐 오는구나
마흔 살의 내가 속으로 울고 겉으로는 웃고 오는구나
쉰 살의 내가 웃고 오는구나
예순 살의 내가 울지도 않고 웃지도 않고 오는구나
일흔 살의 내가 고요함과 평정심을 친구 삼아 오는구나
여든 살의 내가 웃으며 가고 있구나

밥통

나는 50킬로그램짜리
밥통이올시다
등 따뜻하고 배부르면
곁에 눈도 주지 않는
밥통에 불과합니다
겨우 50킬로그램짜리
밥통을 채우기 위해
한세상 허덕였습니다

협치

다리 하나로
먼 길을 갈 수 없고
기둥 하나로는
집을 지을 수 없고
혼자서는
싸울 수도 없다

세상인심

나는 그의 아들
결혼식에 안 가겠네
아니 둘도 없는 친구 아닌가
아, 나는 이제 결혼시킬
자식이 없거든

고향

부모는 고향이다
부모 형제를
떠올릴 수 있는 곳은
어디나 고향이다

추억도 고향이다

중상모략

조용하게
소곤거리는 귀엣말이
천둥 벼락보다
더 무서운
굉음을 낼 수 있다

가끔씩 가끔씩

눈 쌓인 나뭇가지가
무거워도
말도 없이
가끔씩 몸만 터는구나
그래
우리네 인생도 그랬지
무거운 짐을 지고서
가끔씩 가끔씩
하늘만 보며 살았지

좋은 날

매화가 피기 전에 와도 좋고
매화가 필 때 와도 좋고
매화가 지고 나서 와도 좋다
그리움은 그침도 없고
시들지도 않으니까

사랑

기운은 어머니를
이길 수 있지만
사랑은 어머니를
이길 수 없다
네 사랑은
기운 좋은
네 자식에게 주어라

어둠

혼자서는 밤길에
나설 수 없지만
둘이서는 갈 수 있고
셋이서 가면
노래를 부르며 간다
같이 가면
힘을 모으지 않아도
힘이 난다

친구에게

찬바람은
꽃을 지게 하고

순한 바람은
꽃을 피우더라

제3부

시금칫국

엄마는 왜
국물만 먹어

나는 국물이
좋아

그런 줄만
알았다

환생

수백 년 된 소나무가
시름시름 앓더니
그다음 해에
수백 개의 솔방울을 낳아놓고
그리고 소나무는 떠났다
다음 해에 소나무가
떠나간 자리에
소나무의 어린싹이
수없이 솟아올랐다

저무는 날에

모란을 심은 줄 알고
모란을 기다렸는데
모란은 피지 않아
봄꿈을 접었습니다
이제 더 기다릴
세월이 없어서

일생

부끄러운 모습을
남에게 들킬까 두려워
일생 내 눈만
가리고 살았습니다
가리면 가려지는 줄
알았습니다

꽃송이

추사는 열 개의 벼루에
구멍을 냈다
구멍이 뚫리도록
먹을 갈고 또 갈았다

벼루와 먹과 붓이
온몸을 닳게 했으리라

기품 있게 서 있는 진서와
도도하게 걷는 것 같은 행서며
말이 갈기를 날리며 달리듯 하는
초서는
그대로 꽃송이 꽃송이였다

허둥지둥

오른손으로는
세속을
왼손으로는
탈속을
허둥지둥 아무것도
잡지 못했지요

그리움

아지랑이마다
지난 일들이
피어난다

그것이 가슴을 에는
고통일지라도
그립다

머물다가 간
무심한 그 바람도
그립다

나의 시에게

내 안에 산다

내 안에서
희로애락, 오욕칠정
품고 있다

부화될 날을 기다린다

달밤

밖이 환해서
창문을 열어보니

달이 밝았소

그대의
안부였구려

위대한 상속

할아버지가 읽던
때 묻은 책을
아들이 읽어 낡게 하고
그 아들이 읽은 책을
그의 아들이 읽어
책장을 헐게 만들고
또 그 아들이 읽던 책을
그 아들이 읽고
또 그 아들이 읽고

읽고 읽고 읽고

아들에게

에미는
죽어서도 죽지 못하고
썩어서도 썩지 못하고
너를 위해서라면
죽음의 밤에도
깨어 있을 것 같다
육신이 사라진다 해도
너에 대한 사랑은
그대로 남아
네 안에 녹아 있을 것이다

모른다

산이 산인데
왜 산을
모른다 하십니까
물이 물인데
왜 물을
모른다 하십니까
사람이 사람인데
왜 사람이
안 보인다 하십니까

산도 내려놓고
물도 내려놓고
사람도 내려놓아야

다 보이기 때문인가요

소신

소신이라고 말하지만
독선으로 들리고

생각이라고
순하게 말은 하지만

고집으로 보인다

부모와 자식

자식은
부모의 아픔인데

부모는
자식의 짐이다

어린 봄날

어찌하라고
속절도 없이
꽃은 만발하는가
한파람 건듯 불고 나니
앞산은 꽃산이 되었고
고개 넘어 불어오는
꽃빛 바람에
숨을 몰아쉬면
잊혀졌던 그대가
문득 오시는구나

달콤한 꼼수

여유 있을 때
돕겠다는 약속은
돕지 않겠다는
꼼수다

여유는 누가
손을 내밀면
아주 빠르게
숨는다

눈 오는 날에

눈이 내린다

마음에 있는
그대가

또
발걸음을 했구나

근면

매일 걷는 사람은
만리도
쉽게 걷는다

아무리
뜀박질을 잘해도
뛰어서
만리를 갈 수 없다

제4부

누구인가요

물고기가
낚싯바늘을 삼킨다고
비웃었다지요
정작
매일매일 낚싯바늘보다
더한 것을
삼킨 것은
누구인가요

사람아

짐승도 먹을 만치 먹으면
먹는 것을 멈추는데
사람은 먹을수록
더 먹으려 한다
자기 자신을
무너뜨릴 때까지
먹는다

참회

새싹 한 잎만
밟아도
죄업이라 하는데

나는 그동안
얼마나 많은
꽃을 밟았나

세상살이

굽이굽이 굽이쳐
흐르는 길이고

겹겹이 첩첩한
길이다

길은 현재를 살라고 하지만
우리는 현재를 죽이는 길로
들어서서 살았습니다

노동 탄압

한 사람이
세상을 달리해야
참고 참던
분화구가 터져서
만 사람의 가슴에
불을 지르게 된다

용서

모든 원인은
내가 잘못이라고
생각하면
금방 용서가 된다

나는 나만
용서한다

고전

이 벗은 평생 곁에 있어
언제나 나와 정답게 소통한다
백년 전 천년 전쯤의
나이가 많은 벗인데도
연륜을 느끼거나 세대 차이를
전혀 느끼지 못한다
축복으로 온 친구다
이 벗들과 교류가 없었다면
세상의 높고 낮음과
멀고 가까운 것을
배울 도리가 없었을 텐데
그 벗들에게 배우고 익히니
앎이 저절로 즐거움이다

책

이기심으로 가득 찬
어리석은 사람을 만나
수행하는 것보다
그대와 오손도손 지내는 것이
훨씬 편안하다오
한적하게 홀로 지내도
적막하지 않은 것은
고개만 돌려
손을 뻗으면
수백 수천의 벗이
정다이 손을 잡아주기 때문이오

달밤에

둥그런 밝은 달이
이 세상의 어둠을
모두 꺼버리면
남몰래 울음덩이를 삼키던
사랑의 곡조도 밝아질까요
욕망의 헛껍데기 속에서
울고 있는 영혼까지
밝게 비춰줄까요
휘어져 안 보이는 구석까지
높은 산도 낮은 산도
밝게 비추일까요
고통을 딛고 넘어서면
모두 모두
밝아질 수 있을까요

홀로 서다

―조재면에게

지금은 세상을 향해
힘껏 주먹을 두드려야 할 때다
네가 가고 싶은 길을 가려면
주먹에서 피가 흘러야 한다
흐르는 피를 아파할 때마다
세상의 문이 조금씩 열릴 것이다
두드려도 피가 나지 않는
주먹을 가지게 되었을 때
드디어 홀로 서게 될 것이다

고단한 기쁨

그대
나에게 기쁨의 불을
놓으신 이여
다 타서 재도
사그라들었는데
다시 불태우는
그 고난
어찌하란 말입니까
못내 허기진
고단한 기쁨
어떻게
접고 또 접으라
하시는 겁니까

모정

모두 놓아버리고
편하게 지내라는
네 말을 모르는 것 아니다만
세상을 다 놓아버린대도
너만은 못 놓는
모정은 애닯기만 하구나

돈과 여자

물고기가 아무리

민활하다 해도

미끼에 걸려들면

반드시 비명횡사한다

인생길

파도는
그 하나가
스러지기도 전에
또 다른 파도가
쉬임 없이
숨 가쁘게 몰려온다

그래, 그래

광주 이상호 화백이 보내준
동자승은
빛만 있으면
하루 종일 고개를 끄덕이며
목탁을 두드린다
경우 없이 늘어놓는 궤변에도
그래 그래 네가 옳다
진실을 비켜서는 비열함에도
그래 그래 네가 옳다
그래 그래 너만 옳다
항시 네가 옳다
동자승은 내 편이다
나도 동자승 편이다

해 질 녘에

갈 길이
십만 리나 넘게
남았는 줄 알았는데

어느덧
어둑어둑
해 질 녘이구나

철새

그대가 나비랴
어찌 이 꽃에서
저 꽃으로
자리바꿈을 하느냐
꽃마다 향내가 달라서
거듭거듭
다른 꽃으로 옮겨 다니며
그 향내에
취하고 싶다는 것이냐
꽃빛깔도 다르듯이
꽃내가 다르다는 것으로
변명이 될까

단풍

단풍은
한 번만이라도
꽃이 되고 싶어
빨갛게 물든 것인가
돌도 꽃이 되고 싶으면
부처로 쓰임 하는가
나도 꽃이고 싶어
한세상과 사랑을 했을까

제5부

시인

시인은 박제된 사슴에서도
심장의 소리를 들어야 하고
매미 알에서 한낮의 더위를
뻐꾸기 알에서도 뻐꾸기 울음소리를
기러기 알에서도 가을날의 적막함을
풀꽃에서는 우주의 이치를
깨달아야 한다고

고요 소리

새벽에 기대어 듣는
바람과 나무가
만나는 소리
연꽃의 봉오리가
벙글어 오는 소리
고요 속에서
고요로 피어나는
소리를 듣는다

그런 사람

독사에게 물리면
약이 있지만
사람에게 물리면
약이 없다

그 흉터는 오래간다

가족

한 사람만
화를 내도
모두가 화가 난다
한 사람만
아파도
모두가 아프다
우리는
따로 있어도
얽혀 사는 것이다

그대에게

힘들지, 그래 힘들 거야
그래도 그만하면
괜찮아
세상에 그만큼도
못한 사람이
얼마나 많은데
겉보기에는 편해 보여도
그 속내를 보면
힘들지 않은 사람은
하나도 없어
하늘에 잔별만큼
우리네 인생살이
근심도 많다 하잖아
그래, 잘 견뎠어

인심

앞에서는 형님이라 하고
뒤에서는 하대한다

앞에서는 웃고
뒤에서는 비웃는다

봄은 온다

풀이 서리를
두려워하는 것을 보았는가
고생을 두려워하면
젊음이 아니다
꽃이 쉽게 지듯이
고생도 그리 지나간다
봄이 따뜻하면
겨울이 더 춥듯이
추운 시절을
잘 견디면
봄이 올 것이다

부자지간

동쪽으로 가거라 아들아
지금 가고 있어요
아직도 가고 있느냐
서쪽으로 돌아서
동쪽으로 가려고요

검은 우울

나는 세월에게

낚이기만 했지

정작

세월을

낚지 못했다

부모 자식

몸이 나뉘고부터
벌어진 거리는
세월이 인정사정없이
벌려놓았다가
영이별 후에나
다시 가깝게 붙여놓는
삶과 죽음의 차이
이 섭리는
아무도 모를 테지요

요즘 우화

세상에는
개나 고양이의
몸속으로 스며들어
인간이 된
사람들이 많다

다시 봄에

한겨울에도

서로 화답하니

봄도 오기 전

벌써 봄이다

꿈꾸라, 그대

젊음이여
공기로 알약을 만들어
하루 한 알만 먹어도
배가 부른
식품을 만들어라
초미세 먼지를 잡아먹는
알약을 만들어라

논리

호랑이 입니다
아니요 표범입니다

염소 입니다
아니, 양이라니까요

집 입니다
주택입니다

사람입니다
아니 인간입니다

나이 많다고

나이 많다고
지혜로운 것도 아니고
나이 많다고
시를 잘 쓰는 것도 아니고
나이 많다고
욕심이 없는 것도 아니고
나이 많다고
인품이 있는 것도 아니라네

빈 하늘에

영겁의 세월이
있는 줄 알고
멀고 먼 길을
걸어서 걸어서
여기까지 왔으나
그 길은
내가 다 닿고자 한
길이 아니었다니

상속

아들이 초등학교에 막 입학했을 때
일찌감치 상속한 것이 있었다
주인 없는
산과 강, 바다 그리고 해, 달, 별
모두 너에게 상속할게
처음에는 눈을 깜박이며
아리송한 표정을 짓다가
한참 지난 후에

그럼, 물소리 바람소리
모두 엄마나 가져 했다

날마다 뜨는 해
달마다 차오르다가 이지러지는 달
푸른 산 붉은 산
쉬지 않고 흐르는 강물
줄지도 넘치지도 않는 바다

그 후 아들은
산을 볼 때마다
심지어 가을 하늘을 바라보며
눈 내리는 창밖을 내다보며
엄마, 이거 엄마 다 가져

그렇게 한세상이 지났다

제6부

다시 봄에

새소리에
귀가 열리고
산수유에
눈이 열리고
모두
열리는 계절
정작
마음을 열어야지

만남

약속 없이 간다
만나고 싶어 왔으니
그대 없지만
그대 그리는 마음
두 배로
안고 간다

탐욕

이것과 싸워서
이겨본 적이
없는 것 같다
무찌르고 무찔러도
계속 일어나서
나를 이기려 한다
밤낮을 가리지 않고
달려드는 천적이다

마음의 불

분노와 불화는
마음속 불이다
그 불에는
너만 태우고
나만 타는 것이 아니라
너와 나
모두를 태운다

인생

파도는
그냥 파도가 아니오
천 겹의 거품을 두르고
천 겹의 물결이 되어
영원을 고뇌하며
이루어지는 것이라오

벗에게

새봄이 되어
묵은 가지에
꽃봉오리가 맺히는 것은
침묵으로 묻는
서로의 안부

꽃 지고 나서

꽃 필 때는
꽃인 줄 몰랐고
꽃 지고 나서
인생이 온통
꽃밭이었던 걸
알았다오

고별

그대는 흙이 되었다
나는 마음에
피어난 꽃을 본다
이 꽃은
올해도 피었고
내년에도 필 것이다
내가 꽃을 볼 수 있는 한
꽃은 해마다
필 것이다

마음

마음이 비뚤어져 있으면
세상이
비뚤어져 보인다
비방을 당해도
험담을 들어도
마음만 바로 하면
스쳐 지나가고 만다

그게 너다

중죄인에게
다른 이의
가벼운 죄를
어떻게 다스릴까 물었더니
서슴지 않고
중벌로 엄히 다스리란다

낯선 길

봄을 품기에는
너무 늦었고
겨울을 품기는
너무 이른 것 같은
인생 팔십 줄
낯선 길이지만
거기 내 길이
비어서 기다린다

봄은 짧고

겨울을 벗고
또 벗어도 겨울이었다
봄을 껴입고
또 껴입어도 봄은 더뎠다
지난 세월을
벗어버리자고
여기 이렇게 엎드려
나를 밟고 지나온 세월을
흐르는 물에 실려 보낸다

절망

아무리 많아도
더 가지려는 사람
썩어서 냄새가 나는데도
부족해서 허덕이는 사람
열 개가 채워져도
돌아서지 않고
또 한 가지를
더 가지려는 사람

고통에 대하여

꽃 피는
봄날에도
바람은 분다

가을 하늘에도
먹구름은
낀다

AI의 꿈

앱 하나 바꿔 끼우면
무병장수하고
비만도 해결하고
내가 원하는 아이도
아들이면 아들
딸이면 딸
일사천리라

잘생기고 착하고 머리 좋은
앱을 발명한다
이 세상에는 모두
키 크고 잘생기고 착하고
머리 좋은 사람만
태어나게 된다

그런 세상,
에구 끔찍스러워라

생각의 차이

한집에 살아도
생각이 다르면
멀리 있는
먼 사람이다
그 생각의 차이는
수수만리보다
더 멀다

나의 집

부엌이다
예스럽고 담박한 그릇들
우아하고 예쁜 찻잔, 스푼
소탈하나 고운 접시들
그윽하고 따뜻하다

서재로 온다
손때 묻은 문방사우들
도도하고 도탑다
그리운 책들, 융숭한 편지들
정다운 사진들,

옷방으로 가자
봄, 여름, 가을, 겨울
이 옷들을 입고 생활하던
화사했던 청춘을 만난다
허리 굽지 않은 도도한 젊음이

거기 옷 갈피에 어깨를 맞대고
으스대듯 있다
풋풋했던 젊음을 만난다
그때의 맑았던 체온이
내 손을 깊게 잡는다
굳어진 뼈들이 물렁거리듯
세월을 벗어나고 있다
조촐한 개성이 넘치던 젊음이
아직도 내 영혼에 빛줄기가
쏟아지고 있다고 속삭인다

환청이다

■ 해설

말의, 말에 의한, 말을 위한 언어의 굿판
―시집 『마음의 집』 해설

이성천(문학평론가, 경희대 교수)

1. 김초혜는 시인이다!

 김초혜는 '시(詩)=말(言)의 절(寺)'이라는 장르상의 기원적 표식을 오랫동안 마음속에 간직해 온 시인이다. 그녀에게 시는 말이 감행하는 자기수양의 예술이고, 말로 수행하는 깨달음의 미학이다. 그래서 김초혜는 '말(언어)은 인간 사유의 총체적 양식'이라는 시의 기본 소양을 자주 강조한다. 시인 된 자의 자의식과 사명감, 그 미학적 실천의지를 기회가 있을 때마다 역설해 왔다.
 김초혜의 시집 『마음의 집』은 이런 시인의 언어적 자

의식과 사명감이 추동해서 지은 말의 절집이다. 세속적 일상에서 "허둥지둥"대던 말들이 탈속의 세계로 귀환하는 여정을 그린 마음의 풍속도이다. 소란스러운 일상의 말들을 몰아 가둔은 정신의 고요 지대다. 이런 까닭에 새 시집에는 "오른손으로는/세속을/왼손으로는/탈속을/허둥지둥 아무것도/잡지 못했"(「허둥지둥」)다는 말들이 수시로 드나든다. "내생"은 "남은//사람들의//가슴에//있다"(「내생」)거나 "관세음보살//삼천배도//한 덩이//뜨거운 눈물"(「영겁」)임을 자각하는 깨달음의 말들이 모여 산다.

하이데거는 시작(詩作)의 본질을 언급하는 자리에서 말(언어)의 의미와 그 존재론적 역할을 소상하게 규명한 바 있다. 언어는 존재의 진리를 품고 보존하는 인간의 고유한 방식이며, 그러기에 언어의 본질에 입각한 시와 시작은 존재의 본래성을 드러낸다는 것으로 요약된다. 이 과정에서 그는 횔덜린을 호명하는데, 횔덜린이야말로 '궁핍한 시대'의 사람들을 일깨우는 '시인 중의 시인'이었기 때문이다.

하이데거 예술철학의 시작이자 전부인 이 대목은 이번 김초혜의 시집을 이해하는 데 매우 요긴하다. 하이데거가 시와 시작의 본질을 존재(진리)의 드러냄, 즉 궁핍한 시대에도 시원적 사유를 정신사의 지평 위로 올리는 예술적 행위로 규정했다면, 유사 맥락에서 김초혜는 시인은 "박제된 사슴에서도/심장의 소리를 들어야 하고" "풀꽃에서는 우주의 이치를/깨달아야 한다고"(「시인」) 선언한다. 또한 저 서양 철학자가 '찢겨진' 시대에도 결코 '사라지지 않는 것'을 붙들어 언어에 묶어주는 사람이 시인이고 그것이 바로 시인의 사명이라고 주장했다면, 근자에 김초혜는 "시는 인간의 원형질"이기에 시인이 가는 "이 길은/길 없는 길이/길이 되는"(「시인의 길」, 『만나러 가는 길』) 길임을 확신한다. 그리하여 왜곡된 문명의 논리가 전일적으로 지배하는 현대사회에서 "종은 치지 않으면/쇠뭉치에/불과하다"(「시인에게」)는 쓰기 주체의 사명감을 우리 시대의 시인들에게 각별히 요청한다. 김초혜에게 시인이란, '시인 중의 시인'이란 이처럼 시와 시작의 본질에 관한 예술적 실천을 운명적으로 부여받은 존재인 것이다.

이런 측면에서 김초혜는 분명 시인이다. 시인이었다. 이상하게 들릴 수도 있겠으나, 어느덧 시력 60년을 맞이한 김초혜의 시 세계는 '김초혜는 시인이다!'라는 단 한 문장으로 압축된다. 1964년 미당의 추천으로 「사월」 「문 앞에서」 「길」을 《현대문학》에 발표한 김초혜는 첫 시집 『떠돌이 별』(1984)에서 지난번 『만나러 가는 길』(2022)에 이르기까지 "부끄러움 없는 시인이 되고 싶다는 욕심"(『떠도는 새』, 1991)으로 일관한다. "면역이 된 줄 알았던 부끄러움"(『섬』, 1987)이 자꾸 엄습한다거나 "습관처럼 시집을 낼 때마다 주저된다."(『만나러 가는 길』)는 그녀의 고백은 시와 시작의 본질을 낮은 자세로 마주하려는 겸허한 시인의 항상심이다. '무당'과 '문둥이'를 전면에 포석하여 "있음도 없음으로/없음도 없음으로"(「문둥탈춤·10」) 세계를 파악한 시인의식은 상실과 허무의 비극적 세월을 숙명적으로 건너는 고독한 실존 내면의 초상이었다. 뿐만 아니라 우울한 광기의 시대인 1980년대 독자들을 사랑으로 다독이며 언어의 굿판을 벌였던 『사랑굿』 연작은 '그대'라는 세계와의 관계를 '나'의 역설로 품어 안은 장엄한 사랑의 대서사시였다. 이외에도 '두 겹의 결핍과 부재'(하이데거)가 지배하는 시절일수록 김초혜의 시편들은 마치 『어머니』(1988)의 모성처럼 더욱 간곡하고 곡진하며 지성스러웠는데, 그녀에게 사랑은 세상의 고통과 아픔과 슬픔을 먹고 사는 서정시의 또 다른 이름이었고, 시인의 시작은 엄격한 자기검열을 동반한 천형의 글쓰기였던 까닭이다.

이렇듯 김초혜의 시 세계는 시인이라는 소명의식에 기초한다. 기초해 왔다. 시인의 투철한 사명감으로 축조된다. 축조되어 왔다. 일전 '문학동네'에 울려 퍼진 "시 이외에 무엇이 더 필요한가."(『사랑굿』, 2009)라는 시인의 단호한 음성은 이 모든 사실을 증거하고도 남음이 있다. 60년 전 '사월', 시의 '문 앞에서' 서성이던 그녀는 시작의 '길'에 들어선 이후 지금까지 "시인은 세상의 모든 울음을/우는 사람"(「만나러 가는 길」)이라는 직업적 본분을 결코 잊은 적이 없다. 이 궁핍한 시대에 자신의 "시들이 작은 등불 역할을 해주었으면"(『섬』) 하는 바람과 다짐을 함부로 저버린 적이 없다. 말할 것도 없이 그녀에게 시란 사람 사는 세상을 위무하고 격려하는 언어의 살풀이였으니까. 그녀의 말마따나 "시는 사람이니까"(『빈 배로 가는 길』, 2009).

그러므로 다시, 김초혜는 시인이다. 시집 『마음의 집』은 '김초혜는 시인이다'라는 이 확실한 명제에 대한 또 다른 알리바이다. 새 시집에서 '시인 김초혜'는 다양한 경로를 통해 시와 시작의 본질에 대해 고민하며 '시(詩)=말(言)의 절(寺)'의 표식을 사실적 삶의 영역에서 밀도 있게 현상한다. 세상의 구석구석에서 말의, 말에 의한, 말을 위한 언어의 굿판을 새롭게 벌이는 중이다.

2. '밥통'의 시간과 '꽃밭'의 시간

'시(詩)=말(言)의 절(寺)'이라는 어원적 등식은 이번 김초혜의 시집을 온전히 이해하기 위한 하나의 대전제이다. 실제로 김초혜는 『마음의 집』에서 시(詩)가 한자어 풀이 그대로 말로 지은 절, 혹은 말이 수련하는 절간임을 각일각으로 부각한다. 시란 말의, 말에 의한, 말을 위한 수행의 예술임을 새 시집의 전반에서 입체적으로 견인한다.

> 나는 50킬로그램짜리/밥통이올시다/등 따뜻하고 배부르면/곁에 눈도 주지 않는/밥통에 불과합니다/겨우 50킬로그램짜리/밥통을 채우기 위해/한세상 허덕였습니다
> ―「밥통」 전문

> 부끄러운 모습을/남에게 들킬까 두려워/일생 내 눈만/가리고 살았습니다/가리면 가려지는 줄/알았습니다
> ―「일생」 전문

> 새싹 한 잎만/밟아도/죄업이라 하는데//나는 그동안/얼마나 많은/꽃을 밟았나
> ―「참회」 전문

김초혜가 부리는 말의, 말에 의한 수행은 당연하게도 자기 성찰의 마음에 기반한다. 수행은 본디 마음의 작

용이고, 그러기에 말의(말에 의한) 수행 역시 언어주체가 자각하는 마음의 일으킴, 즉 발심의 상태에서 비롯되는 것이다. 이때 언어 주체의 자각이란 오염되고 타락한 말의 정화일 뿐만 아니라 언어가 거느리는 사유의 정제 작업을 의미한다. 인간의 언어와 사유는 떼려야 뗄 수 없는 불가분의 관계이다. 인간의 학명으로 지정된 '호모로퀜스'는 이 사실을 명백하게 고지한다. 인간은 '말하기'의 동물이자 생각하는 존재라는 뜻을 함의한 호모로퀜스는 인간의 언어와 사유가 결코 별개의 영역에서 다루어질 수 없는, 영원한 동반적 관계임을 기원적으로 드러내준다.

그러므로 말의, 말에 의한 수양이란 결국 인간의 마음을 순화하는 언어주체의 행위이고 참된 '생각들'을 향해 나아가는 사유의 훈련이다. 동시에 그것은 '말을 위한' 수련이기도 한데, 두말할 것도 없이 말의(말에 의한) 수련은 종국에 사람들의 말(인식과 생각)을 고양시키기 때문이다. 자가로 말을 위해 복무하는 것이다. 이 글이 김초혜의 시를 말의, 말에 의한, 말을 위한 수행이라 함은 이러한 의미에서이다. 마찬가지로 그녀의 시와 시작이 항시 마음과 생각을 동행시키는 이유도 그래서이다. 무엇보다 그녀와 그녀의 언어는 "늘 생각"(「시인의 말」)하니까. 시인의 생각에 "시는 사람이니까".

「밥통」과 「일생」과 「참회」는 김초혜의 시작이 자기 반성의 단계에서 비롯되고 있음을 여실히 보여주는 작품이다. 이 작품들에서 시상의 전개를 주도하는 말하기 주체는 말할 나위 없이 '나'이다. 나의 마음이다. "밥통을 채우기 위해/한세상 허덕였"다는 그야말로 「밥통」 같은 '나'의 마음과 "일생 내 눈만" "가리면/가려지는 줄/알았"다는 「일생」의 부끄러운 '내' 마음, "나는 그동안/얼마나 많은/꽃을 밟았나"를 회고한 서정적 주체의 「참회」하는 마음 등등. 한 가지 흥미로운 것은 세 편의 시를 관류하는 시인의 마음은 공히 세월의 흐름을 배경으로 한다는 점이다. '한세상' '일생' '그동안' 등 시간 관련 어휘가 그것인데, 이는 새 시집에 수록된 시편들의 심층적 공동 속성이다. 분명, 김초혜의 시편들은 시간에 노출되어 있다.

하지만, 그렇다고 해서 이 말은 김초혜의 시편들이 흘러가는 세월의 시간에 과민하게 반응한다는 뜻이 아니다. 또한 사정을 봐주지 않는 시간성의 횡포에 시인이 주눅 들어 있다는 의미는 더욱이 아니다. 그보다도 김초혜에게 누적된 시간들은 스스로의 삶을 추상하고 고해하는 절대적 계기로 작용한다. 인생의 고유한 이치를 깨달을 수 있는 소중한, 다시없는 기회로 인식된다. 가령 생의 행로를 "고개"에 비유하여 자신의 일대기를 담백하게 정리한 「고개 고개 넘어」와 "어느덧/어둑어둑/해 질 녘"의 시간대에 들어선 실존의 소회를 담담하게 표출한 「해 질 녘에」는 느긋하면서도 경쾌한 시인의 '시간 사용법'을 명징하게 드러낸다. 아울러 "추운 시절을/잘 견디면/봄이 올 것"이라는 경험적 지성에 깨달음의 마음이 가미된 「봄은 온다」에는 숙성된 시인의 시간의식이 작품 전반에 발효되어 있다. 이처럼 김초혜의 시에서 세월의 흐름은 단순히 물리적 시간의 진행만을 지시하지 않는다. 시인에게 물리학적 시간과 생물학적 나이는 그저 숫자에 불과하다.

"나이 많다고/지혜로운 것도 아니고/나이 많다고/시를 잘 쓰는 것도 아니고/나이 많다고/욕심이 없는 것도 아니고/나이 많다고/인품이 있는 것도 아니라"(「나이 많다고」)는 시인의 마음과 생각은 이러한 우리의 추론에 힘을 보태준다. 한없이 낮은 자세로 시간이 스쳐간 빛바랜 세상과 대면하려는 마음과 "지난 세월을/벗어버리자고/여기 이렇게 엎드려/나를 밟고 지나온 세월을/흐르는 물에 실려 보내"(「봄은 짧고」)는 겸공한 생각, 그리고 "나는 세월에게//낚이기만 했지//정작//세월을//낚지 못했다"(「검은 우울」)라는 뉘우침과 깨달음에 관한 우리의 판단 말이다. 결과적으로 이런 마음과 생각들은 김초혜의 시에 내재하는 시간의 축복이자 '말'의 선물이다. "밥통을 채우기 위해/허덕인" "밥통" 같은 시간들을 부끄러워하고 참회하는 마음과 "해 질 녘" "고개"에서의 "나이"에 관한 넉넉한 생각들이야말로 김초혜의 시가 터득한 언어수행의 결과물이다. 이 자기성찰의 말들이 이즈음 김초혜의 시를 정초한다. 이 순간에도 '시인 김초혜'는 반성적 언어와 깨달음의 시심으로 시의 집을 짓고 있는 중이다. 그사이, 시인의 가냘픈 어깨 위로 또 다른 시간이 지나간다.

> 백만겁 백천만겁이 지나도/잊혀지지 않을 것 같던/아픈 일도/시간에 모두 실려 가더라
> ―「시간」 전문

> 꽃 필 때는/꽃인 줄 몰랐고/꽃 지고 나서/인생이 온통/꽃밭이었던 걸/알았다오
> ―「꽃 지고 나서」 전문

> 모든 원인은/내가 잘못이라고/생각하면/금방 용서가 된다//나는 나만/용서한다
> ―「용서」 전문

김초혜 창작방법론의 한 특장은 투명한 언어들을 불

러들여 간결한 형식으로 구조한다는 것이다. 군더더기 없는 시구들과 솔직담백한 언어의 저돌성, 울림통이 큰 여백의 확보는 그녀 시의 오래된 미덕이다. 여기에 대화체와 고백체 및 감탄형 종결어미가 적절히 가세함으로써 김초혜의 시는 일단의 형식미학을 완성한다. 요령부득의 장광설과 소통 부재, 그리고 절망적 히스테리의 혐의를 노정해 온 우리 시단 일부와의 '불편한 동거'를 그녀의 시는 사전에 일찌감치 차단하고 있는 것이다. 이런 측면에서 힘을 뺀 언어들과 무심한 듯 팽개쳐놓은 행간의 빈자리에는 의외로 김초혜 특유의 언어철학이 스며들어 있다고 슬쩍, 말해 보아도 좋겠다.

위의 시는 김초혜의 형식의장이 비교적 상당하게 반영된 작품이다. 「시간」에서 먼저 우리는 김초혜의 '시간'을 다시 만날 수 있다. 그런데 이 시에서 그것은 세월의 흐름이나 "해 질 녘"의 시점 단위를 반복적으로 가리키지 않는다. 오히려 「시간」 속의 시간은 삶의 상처를 치유하는 순기능을 담당한다. "잊혀지지 않을 것 같던/아픈 일도/시간에 모두 실려 가더라"라는 고백체의 문장이 환기하듯이 「시간」은 '세월이 약'이라는 사실을 우리에게 무덤하게 전달한다.

이 시간의 역전 현상, 곧 김초혜의 시에서 "인정사정 없이"(「부모 자식」) 무지막지하게 흘러가던 시간은 어떻게 치유의 역할을 담당할 수 있었을까. 시집의 전반에 해 질 녘의 황혼과 낡음의 이미지가 쇄도하는 가운데 어떻게 시간은 순기능의 언어로 거듭날 수 있었을까. 이 물음은 사소한 듯 결코 사소하지 않다. 유치한 듯 절대로 유치하지 않을 수 있다. 왜냐하면 이 부근에는 '지금, 여기'의 삶을 대긍정하는 김초혜의 유연한 사고방식과 완숙한 시간의식이 집결해 있는 까닭이다.

  이어지는 「꽃 지고 나서」와 「용서」는 현 단계 김초혜의 세계 이해 방식을 투명하게 보여주는 작품이다. 이 시들은 시인의 감정을 실제로 전달하는 것처럼 은근한 고백 조로 진행된다. 그럼에도 시적 전언은 확실해 보이는데, 나라는 일인칭 화자가 청자에게 확정적으로 말하는 방식을 선택했기 때문이다. 그것은 또한 현재 시인의 정서가 "고요함과 평정"(「고개 고개 넘어」)의 안정된 중심을 찾았음을 의미한다. 이러한 시인의 정서에는 삶에 대한 무한 긍정의 마음과 '근원적 시간성'을 의식하는 원숙한 존재론적 사유가 자리 잡고 있음은 재론의 여지가 없다. 「꽃 지고 나서」와 「용서」에 삶과의 깊이 있는 교감과 따뜻한 감성이 느껴지는 것도 여기서 비롯된 것이리라. 지금 시인은 그 어떤 삶도 자체로 의미를 지니는 "꽃밭"의 시간이라는 사실을 축적된 시간의 연륜을 통해 배우고 깨닫는다. 실존의 완숙한 시간들과 함께 호흡하며 "용서"라는 말의 의미를 되뇐다. 그리하여 이제 시인은 말한다. "꽃 필 때는/꽃인 줄 몰랐고/꽃 지고 나서/인생이 온통/꽃밭이었던 걸/알았다"라고, 또 "모든 원인은/내가 잘못이라고/생각"한다고.

3. 절망을 먹고 사는 언어들의 굿판

"젊었을 때는/젊어서가 이유였고/늙으니/늙음이/큰 이유였다"(「변명」)는 숙성된 마음과 "같이 가면/힘을 모으지 않아도/힘이 난다"는 정제된 사유는 "나이 많다고" 거저 얻어지는 것이 아니다. 더하여 "고요 속에서/고요로 피어나는/소리를 듣는"(「고요 소리」) 단계의 내면과 "찬바람은/꽃을 지게 하고//순한 바람은/꽃을 피우더라"(「친구에게」) 같은 "지혜"와 "인품"은 "나이 많다고" 저절로 생성되지 않는다. 그러기까지 김초혜는 60년 '말'의 세월을 필요로 했다. 용맹정진하는 수행자의 자세로 "길 없는 길이/길이 되는" 시인의 길을 걸어왔다.

나는 그의 아들/결혼식에 안 가겠네/아니 둘도 없는 친구 아닌가/아, 나는 이제 결혼시킬/자식이 없거든
—「세상인심」 전문

호랑이 입니다/아니요 표범입니다//염소 입니다/아니, 양이라니까요//집 입니다/주택입니다//사람입니다/아니 인간입니다

—「논리」전문

아무리 많아도/더 가지려는 사람/썩어서 냄새가 나는데도/부족해서 허덕이는 사람/열 개가 채워져도/돌아서지 않고/또 한 가지를/더 가지려는 사람

—「절망」전문

아직도 부족해/먹을 것이 있고/잠잘 곳이 있고/그리고/아무도 모르게/그대를 향해/꽃씨가 벙글고 있는데/아직도/무엇이 부족해

—「만족」전문

굽이굽이 굽이쳐/흐르는 길이고//겹겹이 첩첩한/길이다//길은 현재를 살라고 하지만/우리는 현재를 죽이는 길로/들어서서 살았습니다

—「세상살이」전문

물론 김초혜가 걸어온 시인의 길이 항상 순탄하거나 순조로웠던 것만은 아닐 것이다. 가끔씩 시인은 "나

만//용서"했고 "영겁의 세월이/있는 줄 알고/멀고 먼 길을/걸어서 걸어서"(「빈 하늘에」) 헤매어 다녔다. 때로는 "조용하게/소곤거리는 귀엣말이/천둥 벼락보다/더 무서운/굉음을"(「중상모략」) 내는 "무서운" 세상을 지나쳐야 했으며, "병이 없어도/앓아눕는"(「손가락질」) "손가락질" 세계의 폭력성과 마주해야 했다. 또 언젠가는 극단적 자기모순에 빠져 있는 "중죄인"(「그게 너다」)을 지나쳤고 "아무짝에도 쓰임새가 없"(「굽은 마음」)는 "굽은 마음"들도 스쳐갔다. 이 과정에서 시인은 "밤낮을 가리지 않고/달려드는 천적"(「탐욕」) "탐욕"의 유혹을 뿌리쳐야 했을 터인데, 이후에는 "앞에서는 웃고/뒤에서는 비웃는"(「인심」) 이중인격자들마저 감당해야 했다. 시인의 길 한편에는 이처럼 이기심과 탐욕과 근거 없는 비난 및 모함으로 얼룩진 세상의 우울한 풍경이 드리워져 있다.

　인용한 시편은 그 우울한 풍경의 '실사판'으로 이해해도 좋을 것이다. 요약해 보면, "둘도 없는 친구" 사이의 우정은 계량화되고 수량화된 자본제의 교환가치에 의해 거래되고, 오만한 이성으로 무장한 인간들의 "논리"는 맹목적 반대를 위한 반대를 거듭하여 무모한 궤변으로 전락했으며, "아무리 많아도/더 가지려는" "만족"을 모르는 사람들의 삶은 욕망의 연쇄작용을 일으키는, 그리하여 우리는 "현재를 죽이는 길로/들어서서 살아"

간다는 내용으로 정리된다. 이를 다시 시제를 재활용하여 요령껏 압축해 보면, 「세상인심」과 「논리」는 「만족」을 모르는 「세상살이」의 세태로 인해 「절망」의 지경에 이르렀다는 형국으로 제시된다. 그밖에도 시인은 적지 않은 시편들에서 부패한 일상의 적나라한 모습과 물질만능주의 사회의 경박하고 추레한 품목들을 길의 풍경 깊숙이 삽입하고 있는데, 이 타락한 항목들의 조합이야말로 "길 없는 길"의 실제이자 사실적 삶의 '절망적' 실체로 인식하기 때문이다.

한 치 앞을/볼 수 없는 어둠//어둠 속에는/어둠이 없다
—「빛이 있다」 전문

내 눈을 멀게 해/앞을 볼 수 없게/만드신 이여/마음만 열면/눈먼 것은/일도 아니란 듯이/귀먹은 채로/병어리가 된 채로/그대를 친견하라 하십니까
—「화엄경」 전문

"현재를 죽이는 길로/들어서서 살아"가는 인간들의 삶은 분명 타락했다. "아무리 많아도/더 가지려는 사람"과 "열 개가 채워져도/돌아서지 않고/또 한 가지를/더 가지려는 사람"(「절망」)들의 삶은 분명코 위태로워 보

인다. 시인의 지적대로 그것은 '무섭기'까지 하다. 아니, 차라리 '절망스럽다'는 표현이 옳다. 그러나 현재 우리 사회의 더 큰 절망은 일상의 타락을 스스로 인지하지 못한다는 사실이다. 현대 세계의 절망적 상황은 절망하는 법을 잊어버린 데 있다. 지금, 여기의 우리는 절망하지 않기에 절망적이다.

김초혜가 말의, 말에 의한, 말을 위한 언어의 굿판을 본격적으로 채비하는 시간도 어쩌면 이 근방일지 모른다. 그녀에게 시란 전락한 세계의 사태를 주시하고 독자들을 일깨워 "어둠 속"에서 "빛"을 찾는 마음의 작업이기 때문이다. "길 없는 길"의 절망적 도상에서 "마음만 열면" "길이 되는", 혹은 언어로 길을 내는 "화엄"의 실천적 글쓰기이다.

가난하고/착하고/부지런하고//그래서//나는 네가 좋다
―「제자」 전문

평소 섬기던/큰스님께//내세가 있습니까//긴 침묵 끝에//없다
―「없다」 전문

푸르고 푸른 곳/거기 정념 스님 계시어/—고요가 고이게 해야/비로소 고요라는 가르침—//합장으로/받습니다

—「월정사」 전문

이 세상에서/가장 아름다운 이름은/봄입니다/봄과 같은 이름이/또 있지요//그건 비밀입니다

—「이름」 전문

김초혜의 시가 '세상살이'의 부박한 형편을 인지하며 궁핍한 시대의 독자들을 일깨운다 했거니와, 이는 『마음의 집』에 수록된 주요 시편들을 통해 어김없이 확인된다. 어른들의 몰지각한 행태를 "물고기"에 비유하여 풍자적으로 그려낸 「돈과 여자」가 그러하고, 텅 빈 언어의 공허함과 말하기 주체의 위선적 행동을 '달콤하게' 비판한 「달콤한 꼼수」가 그러하며, 또한 '탐욕'을 의인화하여 인간의 타락상을 경계한 「탐욕」이 그러하다. 이 시들은 대개가 기의를 상실한 채 기표로 떠도는 현실언어의 핍진함을 공박하거나 현대자본주의 체제의 위악적인 모습을 드러내는 데 몰두한다. 특히 이 작품들은 독자의 참여를 유도하며 '시대유감'의 공감대를 형성하는데, 여기에는 시인의 의중이 암묵적으로 숨겨

져 있다.

 그렇다고 해서 이 말은 김초혜의 시가 독자들을 섣불리 강제하거나 주제의식의 층위에서 강요한다는 것은 아니다. 뿐만 아니라 정치적 원리주의에 사로잡혀 내용 전달의 강박증을 반복적으로 드러낸 오래전 서툴렀던 '계몽문학'의 어리숙한 행보를 그녀가 답습한다는 뜻도 아니다. 오히려 그러한 계몽시편들이 서정시의 정체성과 고유의 시적 분위기를 훼손했다는 게 김초혜의 생각이다. 그런 부류의 시는 선무당의 푸닥거리와 조금도 다르지 않다는 게 이제껏 '말'을 수행하며 언어의 굿판을 차려온 시인의 미적 판단이다. 그러기에 김초혜의 시는 언어의 과잉과 범람을 허용하지 않는다. 돌발적인 주제와 자극적인 소재의 차용을 결단코 승인하지 않는다. 대신에 시인은 "산이 산"이고 "물이 물"(「모른다」)인 진리의 언어와 울림의 말을 선호한다. 인생의 보편적 가치와 인간의 본질에 관한 천연의 감각과 기억을 한순간도 놓치지 않으려 애쓴다.

 "가난하고/착하고/부지런하고//그래서//나는 네가 좋다"가 전문으로 제시된 「제자」의 가난은 일종의 '운명적 가난'일 것이다. 가난은 그 자체로 "좋다"거나 좀처럼 삶의 미덕으로 여겨질 수 없다. 그런데도 시인은 "그래서/나는 네가 좋다"라는 인과론적 진술을 시도한다. 이는 「제자」의 가난을 '착한' 삶이 인내한 운명적 가난으로 이해할 때 가능하다. 결국 이 짧은 시에는 '착한' 삶을 지지하고 응원하고픈 시인의 "봄과 같은" 화사한 마음이 담겨 있다. 이기와 탐욕과 위선을 견제하고 인간의 선한 본성을 기억하며 환기하려는 방제(防除)의 언어들이 "비밀"처럼 포개져 있다.

방제의 언어가 주도하는 시의 정황은 인상적인 시 「없다」와 「월정사」에서도 유사하게 나타난다. "내세"의 있고 없음은 '지금, 여기' 삶의 자세에 달려 있다는 것, 그러므로 우리는 본원적 삶의 결핍을 초래하는 일체의 것들을 축사(逐邪)하고 정신과 마음의 고요 상태를 유지해야 한다는 내용이 그것이다. 이 같은 생각을 시인은 「없다」에서 "큰스님"을 매개하여 "긴 침묵"의 언어로 전달한다. '있음'과 '없음'의 변증적 사유로 접근하여 인식론적 깨달음으로 마무리 한다.

「월정사」는 "고요가 고이게" 하는 작품이다. 그만큼 이 시는 맑고 투명하고 고요하다. 「없다」의 경우처럼 불필요한 '해설'의 언어가 끼어들 틈이 없다. 이 단정하고 절제된 시의 언어들에 무엇을 더 보탤 것인가. 그러므로 이제부터는 시들에 나타난, 있는 그대로의 시심을 따라가기로 한다. 「월정사」는 "고요"의 상징 의미를 "합장으로" 받음으로써, "월정사" "정념 스님"의 크고 "푸른""가르침"과 진리의 언어를 잡된 소음으로 뒤범벅된 일상의 지대로 전파한다. 김초혜 특유의 방제와 축사의 언어들이 결집한 「없다」와 「월정사」는 말의, 말에 의한, 말을 위한 언어들의 굿판, 그 정점에 놓여 있다. "없다"와 "고요"의 시적 울림은 시원적 사유를 자극함으로써 사유의 둔감증을 앓고 있는 우리 시대의 삶에 대한 진지한 성찰의 시간을 가져오고 있다.

이렇게 볼진대, 김초혜의 시에는 최종적으로 다음과 같은 평가가 내려질 법도 하다. 김초혜의 시는 "절망"을 먹고 산다. 그녀의 시작은 방제와 축사의 언어들이 한바탕 벌이는 시의 굿판이다. 그녀 시의 굿판에서 흘러나오는 곡조는 결코 슬프거나 처연하지 않다. 시원을 향하는 깨달음의 말들이 "어둠 속"에서도 "빛"을 발하기 때문이다. "이 세상에서/가장 아름다운" "봄과 같은 이름"의 사람들이 살고 있는 까닭이다. 예전의 고통과 아픔과 슬픔을 먹고 살던 시인의 시편들이 그랬듯이. 오래전 궁핍한 시대 '시인 중의 시인' 횔덜린도 그러했듯이.

4. "그래, 그래"의 시학

시력 60년의 시인 김초혜는 시집 『마음의 집』에 이르러 하나의 원환을 완성했다. 비단 육십갑자 시인의 나이를 재차 소환하는 말이 아니다. 사실 그녀의 고소한 입담처럼 "나이 많다고/시를 잘 쓰는 것도/아니"다. 그보다 김초혜는 『마음의 집』에서 '시(詩)=말(言)의 절(寺)'이라는 장르적 특성과 예술철학의 의미를 능숙하고 노련하게 각인하고 재생한다. 궁핍한 시대의 시가 무엇을 할 수 있는지, 서정시의 언어들이 무엇을 해야 하는가를 끊임없이 고민하고 생각한다. "작은 흠도 흠"(「흠」)이라는 것을 생각하고 "기둥 하나로는/집을 지을 수 없"(「협치」)음을 생각하며 "사랑은 어머니를 이길 수 없다"(「사랑」)는 어머니의 둥근 모성을 생각한다. "열 개의 벼루에/구멍을 냈다"(「꽃송이」)던 추사 김정희의 인간적 노력과 열정을 생각하고 "자기 자신을/무너뜨릴 때까지/먹는"(「사람아」) 사람들에 대해 고민하며 "깨달음은/너무 잔인한/우러름"(「깨달음」)임을 고뇌한다. 또 「인생길」을 통찰하고 「철새」의 정치인을 비판하며 "팔십 줄" 「낯선 길」을 사색한다. 가끔씩은 "저녁에 먹은//김칫국에서//천 갈래의 기억"(「고향 생각」)을 떠올리거나 "부모 형제를 떠올릴 수 있는 곳은 어디나 고향"(「고향」)이라는 상념에 잠기기도 한다.

  이처럼 시인은 "늘 생각한다." "그래서 읽고 쓴다."(「시인의 말」) 이 과정에서 그녀의 시는 헛된 욕망이 부유하는 천민자본주의의 부박한 현실을 비판하고 이기와 탐욕에 물든 인간의 모습을 반성한다. 시인의 언어는 삶의 본래성을 망각한 현대인의 삶을 성찰하며 인간의 진실과 인생의 비의를 사유한다. 말의 수행을 통해 사유의 자폐증을 보이는 사람들의 시원적 사유를 자극한다.

 새 시집 『마음의 집』에 "시금칫국"의 "국물만"(「시금칫국」) 드셨던 추억 속의 어머니와, 운명적 가난을 이겨낸 착하고 부지런한 제자와, 정신의 고요 지대로 향하는 월정사의 큰스님이 함께 기거하는 원인도 이러한 사정에서 연원한다. 이와 아울러 아직 정체를 드러내지 않은 "봄과 같은 이름"들이 동거하는 이유도 이 지점에서 멀지 않다. 시인에게 그들은 세속의 세계를 살아가는 탈속적인 존재들로 이해되는 것이다. 시집 『마음의 집』에 서늘한 비판의 정신과 따뜻한 풍자의 언어와 유쾌한 해학의 마음이 공존할 수 있었던 것도 어쩌면 그래서일 것이다. 김초혜의 이 시집은 말의, 말에 의한, 말을 위한, 결코 처연하지 않은 언어의 굿판이기 때문이다.

 광주 이상호 화백이 보내준/동자승은/빛만 있으면/하루 종일 고개를 끄덕이며/목탁을 두드린다/경우 없이 늘어놓는 궤변에도/그래 그래 네가 옳다/진실을 비켜서는 비열함에도/그래 그래 네가 옳다/그래 그래 너

만 옳다/항시 네가 옳다/동자승은 내 편이다/나도 동자
승 편이다

―「그래, 그래」 전문

글을 마무리하는 시점에서 시력 60년을 맞이하는 시인에게 아름다운 시 한 편을 되돌려주고 싶다. 시집 『마음의 집』의 문패로 걸어두어도 좋을 법한, 삶을 대긍정하는 원숙한 시인의 둥글고 환하고 선한 마음이 그대로 드러나 있는. 특히 김초혜는 시인이다, 시인이었다, 라는 원환 명제의 마지막 연결고리.

그래서 필자도 저 "동자승"처럼 언제나 시인의 편이다. 시와 시작의 본질을 절대로 외면하지 않는 김초혜의 편을 들 수밖에 없다.

그러니 시인이시여, 부디 시인의 자리에서 영원히 내려오지 마시라!